글 보리쌀

땅에 뿌린 씨앗이 자라 열매를 맺듯, 종이 위에 뿌린 글자들이 자라 지혜의 열매를 맺습니다. 그 열매가 어린이들의 생각을 자라게 하고, 마음을 풍요롭게 해 주었으면 좋겠습니다. 글을 쓴 책으로는 《문해력 수수께끼 OX 퀴즈》, 〈설민석의 한국사 대모험〉 시리즈, 〈위기 탈출 넘버원〉 시리즈, 〈브리태니커 만화 백과〉 시리즈, 〈말량&홍챠 인피니티〉 시리즈, 〈운빨 용병단〉 시리즈 등이 있습니다.

그림 황재윤

어릴 적 책 읽기를 좋아하던 아이의 마음으로 돌아가 그림을 그립니다. 장면마다 깨알 같은 재미와 상상력이 작은 웃음을 선물하길 바라는 마음으로 그림에 따뜻하고 유쾌한 감성을 담고 있습니다. 그린 책으로는 《문해력 수수께끼 OX 퀴즈》, 《AI 천재들의 작은 꿈이 만든 큰 세상》, 〈하루 하나 꺼내 먹는 따라 쓰기〉 시리즈 등이 있습니다.

프롤로그

X(엑스)야, 뭐 해?

달그락 달그락

스승님이 골방 열지 말라고 하셨잖아!

열지 말라니까 더 궁금하단 말이야.

아무래도….

맛있는 걸 감춰 놓으신 것 같아.

뭐? 진짜야?

이 책의 사용법

한국사 속으로 입장!

도깨비들과 함께 시간을 넘나드는 역사 탐험을 떠나 볼까요?
OX 퀴즈를 풀고 정답을 맞히면, '금방울'을 획득할 수 있어요.
우리나라 역사를 만나는 50개의 퀴즈에 도전하세요!

한국사 OX 퀴즈 풀기

문제를 잘 읽고, O일까? X일까?
신중히 생각해 보세요.
모른다고 아무렇게나 찍지 말고,
왜 O인지, 왜 X인지
꼭 머릿속으로 떠올려 보세요.
생각하는 힘이 쑥쑥 자라요!

정답과 해설 확인하기

문제를 다 풀었다면?
이제 정답과 해설을 확인해 볼 시간!
틀린 문제는 체크해 뒀다가 다시 풀어 보면
역사 실력이 차곡차곡 쌓여요.
잃어버린 천마의 금방울을 찾아,
자랑스러운 역사 별동대가 되어 보세요.

차례

프롤로그 ·· 4

1장 처음 피어난 우리나라
고조선~통일 신라

- 만화 **고구려를 향한 주몽의 꿈** ································· 20
- 01 **주몽**은 활 잘 쏘는 사람이라는 뜻이다? ····················· 25
- 02 **주먹 도끼**는 주먹 모양으로 생겨서 붙여진 이름이다? ··· 27
- 03 **고인돌**은 지위가 높은 사람들이 사용하던 돌침대였다? ·· 29
- 04 고조선을 세운 **단군**은 곰의 자손이다? ······················· 31
- 05 **주몽, 박혁거세, 온조**는 모두 알에서 태어났다? ············ 33
- 06 **삼국 시대**에는 고구려, 백제, 신라 세 나라만 있었다? ····· 35
- 07 신라의 임금인 **이사금**은 이가 많은 사람이라는 뜻이다? ·· 37
- 08 고구려의 영토가 가장 넓었던 때는 **광개토 대왕** 때였다? · 39
- 09 신라의 **화랑**은 화장을 하고 다녔다? ··························· 41

2장 빛나는 문화로 물든 고려
후삼국~고려

- 만화 **왕이 되고 싶었던 두 사람, 궁예와 왕건** ················ 44
- 10 **궁예**는 왕건의 부하였다? ·· 49
- 11 **코리아**는 고려에서 유래하였다? ································ 51

12	우리나라에서 **과거 제도**가 처음 시행된 것은 고려 시대였다?	53
13	**팔만대장경** 경판의 수는 정확히 8만 장이다?	55
14	고려 시대 **백정**은 소나 돼지 잡는 사람을 말한다?	57
15	고려 시대에도 **보드게임**이 있었다?	59
16	**직지심체요절**은 세계 최초의 금속 활자본이다?	61
17	**상감 청자**는 상감마마가 사용하던 청자였다?	63

3장 우리 것을 지켜 낸 조선의 마음
조선 전기

만화	**역사를 뒤흔든 이성계의 위화도 회군**	66
18	이성계가 군사를 돌린 **위화도**는 지금의 여의도이다?	71
19	**왕십리**는 십 리를 더 가라는 뜻이다?	73
20	조선 시대에 자기 집에 불을 내면 **불기**를 맞아야 했다?	75
21	조선 시대에도 **만우절**이 있었다?	77
22	세종 대왕은 새로 글을 만들고 **한글**이라고 불렀다?	79
23	흥청망청은 **연산군** 때문에 생긴 말이다?	81
24	**경회루**는 임금의 휴게실이었다?	83
25	왕은 **이동식 변기**를 사용하였다?	85
26	**거북선**을 처음 만든 사람은 이순신 장군이다?	87
27	《**동의보감**》은 허균이 지은 책이다?	89

차례

4장 새로운 물결이 일렁이는 조선
조선 후기

만화 **과학으로 지은 수원 화성** ……………………………… 92
- 28 **수원 화성**은 정조 임금의 효심 때문에 지은 성이다? ……… 97
- 29 **탕평채**는 싸움을 일삼던 신하들에게 내린 음식이었다? …… 99
- 30 〈씨름〉은 조선 시대 **신윤복**의 작품이다? ………………… 101
- 31 조선 시대에도 **안경**을 낀 왕이 있었다? …………………… 103
- 32 **대동여지도**는 실학자인 정약용이 만든 지도이다? ………… 105
- 33 조선 시대에도 **위조 화폐**가 있었다? ……………………… 107
- 34 녹두 장군 **전봉준**은 키가 작아 녹두라고 불리었다? ……… 109
- 35 **덕률풍**은 선풍기를 부르던 말이었다? …………………… 111
- 36 우리나라 최초의 한강 다리는 **잠수교**이다? ………………… 113

5장 빼앗긴 나라를 되찾은 용기
일제 강점기

만화 **대한 독립을 외친 영웅의 총성** ……………………… 116
- 37 안중근 의사가 총으로 쏜 사람은 **도요토미 히데요시**였다? … 121
- 38 **을사오적**은 나라를 팔아먹은 다섯 명의 도둑이라는 뜻이다? … 123

39	**유관순**은 감옥에서도 만세 운동을 벌였다?	125
40	**대한민국 임시 정부**는 1919년 베이징에 세워졌다?	127
41	일본의 **철도 건설**은 식민 지배에 대한 보답이었다?	129
42	**일제 강점기**에는 이름을 일본식으로 바꾸어야 했다?	131
43	윤봉길 의사가 던진 폭탄이 **물통 폭탄**이었다?	133
44	**신탁 통치**가 결정되자, 우리 국민들은 환영했다?	135

6장 함께 만들어 가는 오늘의 대한민국
대한민국

만화	**역사를 바꾼 인천 상륙 작전**	138
45	**삼팔선**과 **휴전선**은 다르다?	143
46	우리나라 최초로 **해외 진출**한 걸 그룹은 '원더걸스'이다?	145
47	소 1001마리를 끌고 **북한**으로 간 사람이 있다?	147
48	2002년 **월드컵**에서 우리나라는 8강까지 올랐다?	149
49	**외규장각 의궤**는 현재 우리나라에 있다?	151
50	우리나라 최초의 **노벨상** 수상자는 한강 작가이다?	153

에필로그 155

처음 피어난 우리나라

고조선~통일 신라

고구려를 향한 주몽의 꿈

얼른 엎드려.

으응, 알았어.

너희 덕분에 무사히 강을 건너게 됐구나.

휴!

나는 새로운 나라를 세우러 가는 길인데, 꼭 나를 찾아오도록 하여라.

으으… 분하다. 다 잡았는데.

메롱

내 이름은 주몽이다.

주몽? 고구려를 세우신?

주몽이 무슨 뜻인지 알아 오면 작은 선물을 주마.

선물?

퀴즈 01 주몽은 활 잘 쏘는 사람이라는 뜻이다?

날아가는 새도 맞히는 걸 보면, 활 잘 쏘는 사람이 틀림없어.

주먹 사이즈 봤어? 주몽은 주먹이 센 사람이라는 뜻일 거야.

퀴즈 01 의 답

맞았어요. 주몽은 부여 말로 '활 잘 쏘는 사람'이라는 뜻입니다. 주몽은 천제의 아들 해모수와 물의 신 하백의 딸 유화 사이에서 알로 태어났어요. 주몽은 어릴 때부터 활을 잘 쏘아서 부여 금와왕 아들들이 질투하고 미워했어요. 결국 목숨까지 위협받던 주몽은 친구 세 명과 함께 부여를 떠나 졸본으로 가서 고구려를 세웁니다.

더 깊이! 유화 부인이 알을 낳자 금와왕은 불길하다며 내다 버리라고 했어요. 하지만 동물들이 알을 지켜 주었고, 주몽은 무사히 알을 깨고 나올 수 있었어요.

퀴즈 02 의 답

틀렸어요. 주먹 도끼는 구석기 시대의 대표적인 유물이에요. 하지만 주먹 모양으로 생겨서 붙여진 이름이 아니라, 주먹으로 쥐고 사용하기 때문에 붙여진 이름이에요. 한쪽은 손으로 잡아 쥘 수 있고, 다른 쪽은 날카로워서 물건을 자르거나 땅을 팔 수 있는 작은 도끼입니다.

더 깊이! 연천 전곡리에서 발견된 주먹 도끼를 통해, 우리나라에도 구석기 시대가 있었고, 50만 년 전부터 사람이 살았다는 것을 알 수 있어요.

퀴즈 03: 고인돌은 지위가 높은 사람들이 사용하던 돌침대였다?

역시 침대는 돌침대가 최고라니까.

왕이 사용해서 킹사이즈라고 하나 봐.

맞을까?

위쪽을 편평하게 만들어 놓은 거 보면 침대가 분명해.

틀릴까?

이런 데서 자면 허리 배겨. 분명 다른 쓰임새가 있을 거야.

퀴즈 03 의 답

틀렸어요. 고인돌은 선사 시대 사람들이 만든 무덤이에요. 우리나라에는 약 4만 기가 있는 것으로 추정돼요. 고인돌은 위에 놓인 큰 덮개돌과 이를 고이고 있는 받침돌, 그리고 그 아래에 주검을 묻는 무덤방으로 구성되어 있어요. 고임돌, 굄돌이라고도 불리는 받침돌은, 덮개돌을 더 크고 웅장하게 보이게 하거나 무덤방을 보호하는 역할을 합니다.

 고창, 화순, 강화에 있는 고인돌 유적은 2000년 12월 세계 문화유산으로 등재되었어요.

퀴즈 04 의 답

맞았어요. 환인의 아들 환웅에게 곰과 호랑이가 사람이 되고 싶다고 찾아왔어요. 환웅은 쑥과 마늘을 먹으며 100일 동안 동굴에서 견디면 소원을 들어주겠다고 했어요. 호랑이는 중간에 뛰쳐나갔지만, 곰은 끝까지 참아 낸 끝에 '웅녀'가 되었어요. 웅녀는 환웅과 결혼해 단군을 낳았고, 단군은 기원전 2333년에 고조선을 세워 약 2천 년 동안 나라를 다스렸어요.

더 깊이! 곰과 호랑이는 실제 동물이 아니라, 각각 곰과 호랑이를 섬기는 부족을 상징한다고 볼 수 있어요.

퀴즈 05
주몽, 박혁거세, 온조는 모두 알에서 태어났다?

와, 사람이 알을 깨고 나왔어!

흥칫

어? 이 알은 깨질 생각을 않네.

빠즉

쪽쪽

?

맞을까?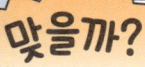

나라를 세운 왕들은 대부분 알에서 태어났어.

틀릴까?
사람이 알에서 태어난다는 건 말이 안 돼.

퀴즈 05의 답

틀렸어요. 고구려를 세운 주몽과 신라를 세운 박혁거세는 알에서 태어났어요. 하지만 백제를 세운 온조는 주몽과 소서노 사이에서 '사람'으로 태어났어요. 그리고 알에서 태어난 인물이 또 있어요. 금관가야를 세운 김수로왕, 신라 김씨 왕족의 시조인 김알지도 알에서 태어났다고 전해집니다.

시조들은 왜 하필 알에서 깨어난 걸까요? 그건 신비로운 탄생을 통해 왕이 위대하다는 것을 보여 주고, 백성들의 믿음을 얻기 위해서예요.

퀴즈 06 의 답

나는 활 잘 쏘는 고구려 사람!

피융

나는 문화 예술을 꽃피운 백제인!

나는 신라의 꽃미남 화랑!

❌

틀렸어요. 삼국 시대는 고구려, 백제, 신라가 서로 다투던 시대를 일컫는 말입니다. 그런데 신라와 백제 사이, 낙동강 하류 근처에 김수로왕이 세운 금관가야를 중심으로 한 육 가야가 있었어요. 그런데 왜 '사국 시대'가 아닐까요? 그 이유는, 고구려, 신라, 백제가 왕이 강력한 권력을 가지고 통치하는 '고대 국가'로 발전한 반면, 가야는 연맹 국가 단계에 머물렀기 때문이에요.

더 깊이!

676년, 신라는 당나라와 힘을 합쳐 백제와 고구려를 멸망시킨 뒤 당나라를 몰아내고 삼국을 통일하였어요. 바로 '통일 신라'예요.

퀴즈 07 — 신라의 임금인 **이사금**은 이가 많은 사람이라는 뜻이다?

퀴즈 07 의 답

맞았어요. 부족 사회에서는 치아가 많으면 나이가 많고, 더 지혜롭다고 여겼어요. 그래서 나이 많은 사람이 왕이 되었죠. 신라에서 유리왕과 탈해왕이 서로 왕위를 양보하다가, 치아 개수를 세어 유리왕이 먼저 왕이 되었다는 설화가 있어요. 이처럼 '이가 많은 사람'이라는 뜻에서 '이사금'이라는 왕의 칭호가 생겼다고 전해집니다.

더 깊이!  신라는 왕을 부르는 말이 다양했어요. 1대 박혁거세-거서간, 2대 남해왕-차차웅, 3대 유리왕-이사금, 17대 내물왕-마립간, 22대 지증왕-왕이었어요.

퀴즈 08: 고구려의 영토가 가장 넓었던 때는 광개토 대왕 때였다?

오늘도 영토 넓히러 가자!

허둥

지둥

히힝

아이고, 지도를 더 줄여야겠네.

맞을까?
광개토 대왕을 정복 군주라고 하는 건 영토를 엄청 넓혔기 때문이야.

틀릴까?
광개토 대왕 다음 왕은 조금만 더 넓히면 더 넓은 영토를 가질 수 있잖아.

퀴즈 08의 답

틀렸어요. 고구려의 영토가 가장 넓었던 때는 장수왕의 손자인 문자 명왕 때입니다. 장수왕 뒤를 이어 즉위한 문자 명왕은 부여, 신라, 백제를 침공하여 영토를 넓혔어요. 문자 명왕이 가장 넓은 영토를 차지할 수 있었던 이유는, 광개토 대왕과 장수왕이 고구려의 영토를 이미 크게 넓혀 놓은 상태였기 때문입니다.

장수왕은 97세까지 살아서 '장수왕'이라는 시호가 붙었어요. 아들들이 아버지보다 먼저 세상을 떠나서, 손자인 문자 명왕이 뒤를 이어 왕이 되었어요.

퀴즈 09

신라의 화랑은 화장을 하고 다녔다?

맞을까?

군인들이 위장 크림 바르듯이 뭔가 이유가 있었을 거야.

틀릴까?

화랑은 남자들인데, 남자들이 화장을 했을 리 없어.

퀴즈 09의 답

맞았어요. 화랑은 신라의 청소년 수양 단체예요. 화랑은 입술에 연지를 바르고, 얼굴에 분을 바르는 등 수려한 외모를 중요하게 여겼어요. 화랑에게 화장은 '자신의 권위'를 나타내는 표시였고, 전쟁에서 죽음을 무릅쓰고 싸우겠다는 의지의 표현이기도 했습니다. 덕분에 화랑은 삼국 통일 전쟁에서 중요한 역할을 했어요.

더 깊이! 김춘추와 함께 삼국 통일을 이룬 김유신, 그리고 황산벌 전투에서 계백 장군에 맞서 싸운 관창도 화랑 출신입니다.

2장
빛나는 문화로 물든 고려

후삼국~고려

만화 왕이 되고 싶었던 두 사람, 궁예와 왕건

퀴즈 10의 답

틀렸어요. 궁예가 아니라 왕건이 궁예의 부하였습니다. 궁예는 901년, '후고구려'를 세운 뒤 911년에 나라 이름을 '태봉'으로 바꾸었어요. 하지만 폭정을 일삼다가 918년, 부하였던 왕건과 그를 따르는 무리에게 쫓겨나고 말았어요.

궁예는 자신이 사람의 마음을 볼 수 있다고 믿었어요. '관심법'이라고 하는데, 궁예는 이 관심법으로 걸핏하면 사람들을 의심해 죽이기도 했어요.

퀴즈 11 — 코리아는 고려에서 유래하였다?

메이드 인 고려!

코리아?

크흠

코리아 굿!

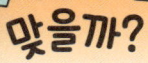 맞을까?

고려? 코리아?
듣고 보니, 발음이 비슷하네.

틀릴까?

코리아는 영어니까
미국 사람들이 만들었겠지.

퀴즈 11의 답

맞았어요. '코리아'라는 말은 아라비아 상인들이 '고려'를 부르면서 생겼어요. 고려는 여러 나라와 활발히 교류했는데, 아라비아 상인들도 무역을 하러 고려까지 왔습니다. 아라비아 상인들은 '고려'를 '꼬레아'라고 발음했는데, 이게 지금 우리가 쓰는 영어 이름 '코리아(Korea)'가 되었어요.

더 깊이! 예성강 입구의 벽란도는 당시 여러 나라 상인들이 모여 무역을 하는 항구였어요. 고려 사람들은 금, 은, 인삼, 종이 등을 외국으로 수출했답니다.

퀴즈 12 — 우리나라에서 과거 제도가 처음 시행된 것은 고려 시대였다?

△야, 과거에 합격하면 스승님이 잔치 열어 주신댔어.

설마 너 먹을 것 때문에 고려로 온 거야?

누가 시험 중에 떠들어?

맞을까?

고려 시대에 평민들도 응시할 수 있는 과거 제도가 있었어.

틀릴까?

조선 시대 사극에서 과거 시험 보는 장면 많이 나오잖아. 조선 시대가 맞아.

퀴즈 12 의 답

맞았어요. 과거 제도는 지금의 공무원 시험과 비슷한 시험이에요. 958년, 고려 광종 때 당나라 제도를 본떠 처음 시작했어요. 그전에는 혈통이나 신분으로 관리가 정해졌지만, 과거 시험 덕분에 능력이 뛰어난 사람을 뽑을 수 있었답니다. 과거 제도는 조선 시대까지 계속 이어졌어요.

과거 시험으로 전국에서 다양한 인재를 뽑을 수 있었어요. 덕분에 귀족들이 벼슬을 독차지하는 걸 막을 수 있었어요.

퀴즈 13: 팔만대장경 경판의 수는 정확히 8만 장이다?

얘들아, 아직 멀었어?

7만 9991, 7만 9992…. 앗! 까먹었다.

거의 다 셌는데 말 시켜서 까먹었잖아!

맞을까?

8만 장이니까 팔만대장경이지. 9만 장이면 구만대장경이고.

틀릴까?

그렇게 딱 떨어질 리 없어. 분명 8만 장 정도일 거야.

퀴즈 13 의 답

틀렸어요. 팔만대장경 경판의 수는 8만 1352판이고, 그 안에 새겨진 글자의 수는 무려 5천 2백만 자 정도입니다. 이 많은 글자가 정밀하게 새겨져 있는데, 내용의 완벽함은 물론 오랜 역사까지 지닌 세계적인 명성의 국가유산입니다. 합천 해인사에 보관되어 있어요.

더 깊이! 고려 현종 때 새긴 초조대장경이 몽고의 침입으로 불타 없어지자, 불교의 힘으로 외적을 물리치기 위하여 다시 팔만대장경을 만들었어요.

퀴즈 14: 고려 시대 백정은 소나 돼지 잡는 사람을 말한다?

퀴즈 14 의 답

틀렸어요. 고려 시대의 '백정'은, '일반 농민'을 이르던 말이었어요. 시간이 흐르면서 백정이라는 말 대신 평민, 양민, 백성 등의 이름으로 불리게 되었어요. 그러다가 조선 시대로 가면서 백정은 '소나 개, 돼지 등을 잡는 일을 직업으로 하는 사람'을 가리키는 말로 변했어요.

더 깊이! 고려의 신분은 귀족, 중류층, 양민, 천민으로 나뉘었는데, 귀족은 고위 관료, 중류층은 하급 관리, 양민은 농민과 상인, 수공업자, 천민은 노비들이었습니다.

퀴즈 15 의 답

맞았어요. 고려 시대에 즐겨 하던 보드게임으로 '쌍륙'이 있어요. 쌍륙은 주사위 두 개를 굴려 판에 배치한 말을 목표 지점에 도달하게 하는 게임인데, 서양의 체스와 비슷하다고 볼 수 있어요. 쌍륙은 고려 시대 이전부터 즐기던 게임으로 추정되지만, 기록으로 남아 있는 것은 고려 시대 문인인 이규보의 책을 통해서예요. 이 밖에도 장기, 고누, 윷놀이 등의 게임도 즐겼어요.

조선 시대 유명한 신윤복의 그림 중에 〈쌍륙삼매〉라는 그림이 있는데, 거기에는 쌍륙 게임을 하는 모습이 잘 묘사되어 있습니다.

퀴즈 16: 직지심체요절은 세계 최초의 금속 활자본이다?

스승님, 이것 보세요.

금속 활자로 저희 이름을 찍었어요.

오호! 도깨비 최초의 금속 활자본이로구나.

카 다 다 다

맞을까?

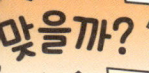

세계 최초의 금속 활자본을 우리나라에서 찍었다니, 대한민국 도깨비라는 게 너무 자랑스러워.

틀릴까?

독일 사는 도깨비 친구가, 세계 최초 금속 활자본을 만든 사람은 구텐베르크라던데?

퀴즈 16의 답

맞았어요. 직지심체요절은 줄여서 '직지'라고도 하는데, 고려 시대인 1377년, 청주 흥덕사에서 인쇄된 세계 최초의 금속 활자본입니다. 1972년 유네스코 주최 '세계 도서의 해'에 출품되어 세계 최초의 금속 활자본으로 인정받았어요. 구텐베르크의 금속 활자보다 78년 앞선 인쇄본입니다. 안타깝게도 현재는 프랑스 국립 도서관에 소장되어 있어요.

더 깊이! 우리나라는 여러 차례 직지를 돌려 달라고 요구했지만, 프랑스는 훔친 게 아니라는 이유로 거부하고 있어요.

퀴즈 17. 상감 청자는 상감마마가 사용하던 청자였다?

퀴즈 17 의 답

틀렸어요. 고려청자는 고려 시대에 만들어진 푸른빛의 자기를 통틀어 이르는 말인데, 특히 상감 청자가 유명해요. 상감 청자는 상감마마가 쓰는 자기가 아니라, '상감' 기법으로 제작된 자기를 말합니다. 상감은 도자기 표면에 매화, 대나무, 연꽃 등의 문양을 새기고, 그 부분에 다른 색의 흙을 채워 넣은 뒤, 유약을 발라 구워 냈어요.

고려청자의 푸른빛은 비취옥의 색과 비슷하여 '비색'이라 불렸어요. 비색은 청자를 처음 만들었던 중국인들조차 천하제일이라고 칭찬할 정도였어요.

우리 것을 지켜 낸 조선의 마음

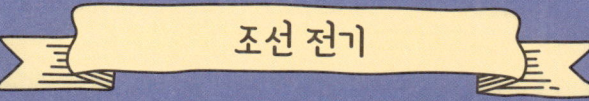

조선 전기

만화 역사를 뒤흔든 이성계의 위화도 회군

퀴즈 18 의 답

틀렸어요. 위화도는 압록강 하류에 있는 섬입니다. 1388년, 이성계는 명나라를 공격하러 가다가 위화도에서 군사를 돌려 돌아왔어요. 전쟁 대신 나라와 백성을 생각해서 내린 결정이에요. 이 사건을 '위화도 회군'이라고 해요. 그리고 1392년, 이성계는 조선을 세우고 왕이 되었어요.

더 깊이! 이성계에게 명나라를 공격하라고 명령한 사람은 우왕과 최영이었어요. 위화도에서 개경으로 돌아온 이성계는 왕과 최영을 내쫓고 권력을 잡았습니다.

왕십리는 십 리를 더 가라는 뜻이다?

퀴즈 19 의 답

맞았어요. 태조 이성계의 부탁을 받은 무학 대사는 조선의 새로운 도읍지를 알아보기 위해 좋은 곳을 찾아다녔어요. 어느 날, 한 농부가 "십 리를 더 가면 좋은 자리가 있다."고 알려 주었습니다. 농부 말대로 십 리를 더 가자, 인왕산 아래 좋은 자리가 있어 그곳에 경복궁을 지었어요. 이후 농부를 만났던 곳을 '십 리를 더 가라'는 뜻으로 '왕십리(往十里)'라 부르게 되었어요.

서울 지하철 3호선 양재역 근처에 있는 '말죽거리'는 조선 시대, 일을 보러 이동하던 사람들이 말에게 죽을 끓여 먹였다 해서 붙여진 이름이에요.

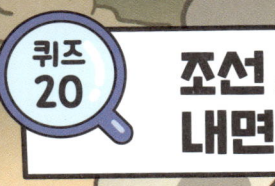

퀴즈 20: 조선 시대에 자기 집에 불을 내면 볼기를 맞아야 했다?

이놈, 도깨비 소굴을 태워 먹으면 어떡하느냐!

빈대 잡으려고 그런 거란 말이에요.

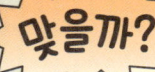

엄하게 다스려야 불조심을 하지.

집이 불탄 것도 억울한데 볼기까지 맞는 건 너무해.

퀴즈 20의 답

맞았어요. 조선 시대에는 '금화령'이라는 법이 있었어요. 1417년(태종 17) 때 실시되었는데, 자기 집을 태운 사람은 40대, 다른 집까지 태운 사람은 50대의 볼기를 맞아야 했어요. 그리고 왕의 무덤이나 궁궐을 불태우면 사형에 처했답니다.

 **더 깊이!** 세종 8년에는 '금화도감'이라는 곳을 설치하였어요. 지금의 소방서와 비슷하지만 불을 끄러 다니는 건 아니었고, 불이 나지 않도록 예방하는 일을 했어요.

 # 조선 시대에도 만우절이 있었다?

○○야, 무슨 일이야?

쑥덕 쑥덕

내가 왕이라고 거짓말을 했더니… 흑흑!

질질질

아무리 만우절이라도 그런 거짓말을 하면 안 되지.

 맞을까?

가벼운 거짓말은 웃어넘겨 주는 날이 있었을 거야.

틀릴까?

서양에서 시작된 만우절이 조선 시대에 있었을 리 없지.

퀴즈 21 의 답

맞았어요. 4월 1일은 아니지만, 조선 시대에도 거짓말을 해도 되는 날이 있었어요. 바로 첫눈 내리는 날이랍니다. 조선 시대에 첫눈은 다음 해 풍년을 가져다주는 하늘의 선물이었어요. 그래서 첫눈 내리는 날은 서로 장난을 치며 가벼운 거짓말을 하는 것이 허락되었어요.

왕위를 물려주고 임금 자리에서 물러나 있던 태종은 첫눈이 내리자 눈을 상자에 담아 약이라고 속여서 형인 정종에게 보냈어요.

퀴즈 22

세종 대왕은 새로 글을 만들고 **한글**이라고 불렀다?

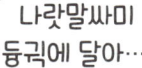

나랏말싸미 듕귁에 달아….

중얼 중얼

얘들아, 세종 대왕 덕분에 나도 내 이름을 쓸 수 있게 되었어.

한글 몰라도 쓸 수 있는 거 아냐?

그러게.

맞을까?

세종 대왕이 한글을 만드신 건 세 살짜리도 다 아는 사실이라고!

틀릴까?

세종 대왕이 만드셨을 때는 한글이 아니고 다른 이름이었어.

79

퀴즈 22의 답

틀렸어요. 세종 대왕이 글을 만들 당시의 이름은, '백성을 가르치는 바른 소리'라는 뜻의 '훈민정음(訓民正音)'이었습니다. 훈민정음은 1443년에 만들어졌고, 3년 뒤에 일반 백성들에게까지 널리 알렸어요. '훈민정음'을 '한글'이라고 부르기 시작한 것은 1910년대부터인데, 당시 주시경 등 국어학자들이 '큰 글'이라는 의미로 부르기 시작했어요.

더 깊이! 양반과 학자들은 새로 만든 훈민정음을 처음엔 좋아하지 않았어요. '여자들이나 쓰는 글'이라고 부르며 하찮게 생각했어요.

퀴즈 23: 흥청망청은 연산군 때문에 생긴 말이다?

"수수팥떡이랑 인절미랑 백설기랑 다 주세요!"

펑! 펑!

"X야, 왜 이렇게 흥청망청이야!"

"X에게서 연산군의 모습이 보이네."

맞을까?

연산군은 방탕한 왕으로 유명해. 흥청망청이라는 말이랑 찰떡궁합이라고.

틀릴까?

중국에서 유래한 사자성어 아닐까?

퀴즈 23 의 답

맞았어요. '흥청망청'은 돈, 물건 따위를 마구 쓸 때 사용하는 표현인데, 연산군 때문에 생겨난 말이에요. 연산군은 조선 각 지역에서 아름다운 기생들을 뽑아 궁으로 불러들였는데, 이들을 '흥청'이라고 했어요. 연산군은 밤낮으로 흥청들과 시간을 보내느라, 나라 다스리는 일은 뒷전이었어요. 결국 연산군은 왕의 자리에서 쫓겨나게 됐어요.

더 깊이! '함흥차사'는 함흥에 있던 태조 이성계가 태종이 심부름 보낸 '차사'라는 벼슬아치를 돌려보내지 않아 생긴 말이에요.

경회루는 임금의 휴게실이었다?

퀴즈 24 의 답

틀렸어요. 임금님의 휴식처는 경회루가 아니라 향원정입니다. 경복궁 서북쪽 연못 안에 있는 경회루는 나라에 좋은 일이 있거나 사신이 왔을 때 잔치를 베풀던 장소였어요. 경회루는 임진왜란 때에 불타 버렸으나 고종 4년인 1867년에 흥선 대원군 명으로 경복궁과 함께 다시 지었습니다.

향원정은 경복궁 후원에 나무로 지어진 2층 정자예요. '향원'은 '향기가 멀리 간다'라는 뜻으로, 왕과 왕족들의 휴식 공간이었습니다.

퀴즈 25: 왕은 **이동식 변기를** 사용하였다?

"얘야, 이것 좀 내의원에 전해 주겠니?"

"와, 따끈따끈한 수수팥떡인가 봐!"

"저 안에 임금님 똥이 들어 있어."

"뭐?"

맞을까?

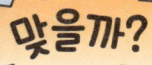

왕이 주무시는 곳 주변에 화장실을 만드는 건 좀 그렇지.

틀릴까?

그렇다고 아기들처럼 이동식 변기에다 볼일을 본다고?

퀴즈 25의 답

맞았어요. 궁궐에는 화장실이 있었지만, 왕이 머무는 내전에는 따로 화장실이 없었어요. 왕은 화장실 대신 '매화틀'이라고 불리는 이동식 변기를 이용했습니다. '매화'는 궁중에서 '똥'을 이르던 말이었어요. 매화틀은 나무로 만들었는데, 왕의 엉덩이가 닿는 부분에는 천을 덧댔어요. 그리고 그 안에 놋그릇을 넣어 뺄 수 있도록 만들었답니다.

더 깊이! 왕이 용변을 다 보면, 궁녀는 매화틀을 내의원으로 가져갔고, 내의원에서는 왕의 변을 검사해 건강 상태를 살펴봤어요.

퀴즈 26
거북선을 처음 만든 사람은 이순신 장군이다?

"내 죽음을 적에게 알리지 마라!"

"설마 ○가 타고 있는 게 진짜 거북은 아니겠지?"

"진짜 맞는데?"

맞을까?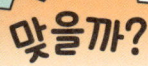
이순신 장군 하면 거북선이지.

틀릴까?
거북선을 이용해 싸우신 거지, 거북선을 처음 만드신 건 아니야.

틀렸어요. 거북선을 만들었다는 기록은 조선 태종 때도 있기에 처음 이순신 장군이 만든 것은 아니에요. 하지만 실제 전투에 사용할 수 있게 고친 분은 이순신 장군입니다. 세계 최초의 철갑선인 거북선은 지붕처럼 덮개를 씌우고 뾰족한 창과 칼, 송곳을 꽂아 적이 오르지 못하게 했어요. 또 사방으로 대포를 쏠 수 있는 구멍(포문)을 달아 공격력을 높였어요.

임진왜란 때 조선 수군이 주로 사용했던 배는 거북선이 아니라 판옥선이었어요. 거북선은 제작 기간과 비용이 많이 드는 단점이 있었거든요.

《동의보감》은 허균이 지은 책이다?

허균은 대단해. 이런 책도 펴내고 말이야.

허균이라니? 홍길동이 탕약이라도 달이는 거야?

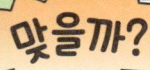 맞을까?

《동의보감》은 조선 시대 명의였던 허균이 지은 거야.

틀릴까?

허균은 문학, 허준이 의학이라고!

퀴즈 27 의 답

틀렸어요. 조선 최고의 의학 서적인 《동의보감》을 지은 사람은 허준입니다. 허준은 조선 선조 때, 왕을 돌보는 어의였어요. 선조의 명으로 책을 만들기 시작해서, 1610년에 25권으로 된 《동의보감》을 완성했습니다. 우리나라와 중국의 의서를 모아 엮은 책인데, 동양에서 가장 뛰어난 의학서로 손꼽힙니다. 2009년 유네스코 세계 기록 유산으로 지정되었어요.

 허균은 최초의 한글 소설인 〈홍길동전〉을 지은 사람이에요. 홍길동이 활빈당이라는 도적 무리를 만들어 활동하다 율도국을 세운다는 내용입니다.

새로운 물결이 일렁이는 조선

조선 후기

과학으로 지은 수원 화성

와, 조선 시대에도 이런 과학적인 방법이 사용되었군요.

성을 좀 더 쉽게 쌓기 위해 거중기를 만들었단다. 실제 생활을 이롭게 하려는 실학사상의 영향이지.

짠

앗, 금방울이다!

금방울을 찾았어!

하늘이 너희에게 선물로 준 모양이구나.

퀴즈 28의 답

맞았어요. 수원 화성을 짓기 시작한 데에는 정조 임금의 효심이 깔렸어요. 아버지 사도 세자의 묘를 화산으로 옮기면서, 그 주변에 있던 고을을 다른 곳으로 옮겨야 했어요. 그러면서 만들어진 곳이 지금의 수원 화성이에요. 수원 화성은 1796년에 완성되었는데, 정약용이 거중기와 같은 새로운 기술을 도입하여 지은 성이에요. 1997년에 유네스코 세계 문화유산으로 지정되었어요.

더 깊이! 정조 임금의 아버지 사도 세자는 세자 자리에서 쫓겨난 뒤, 아버지였던 영조의 명령으로 뒤주 속에 갇혀 있다 목숨을 잃고 말았어요.

탕평채는 싸움을 일삼던 신하들에게 내린 음식이었다?

퀴즈 29의 답

맞았어요. 탕평채는 조선 영조 시대에 유래한 음식이에요. 서로 편을 나누어 계속 싸우는 신하들을 보다 못한 영조는 한 가지 꾀를 내었어요. 색과 종류가 서로 다른 식재료가 조화를 이룬 음식을 신하들에게 내렸어요. 이것이 바로 '탕평채'인데, 편 나누어 싸우지 말고 서로 조화를 이루어 나라를 이끌어 달라는 의미가 담겨 있어요.

영조는 신하들이 편을 나누어 싸우는 것을 막기 위해, 어느 한쪽에 치우치지 않고 인재를 고르게 뽑아 나랏일을 맡겼어요. 이것을 '탕평책'이라고 합니다.

퀴즈 30 의 답

틀렸어요. 〈씨름〉은 신윤복이 아니라 단원 김홍도의 작품입니다. 김홍도는 조선 시대, 그림에 관한 일을 맡아보던 관아인 도화서의 화가였어요. 29세 때는 영조와 왕세자의 초상화(어진)을 그리기도 했어요. 해학과 풍자를 섞어 서민 사회의 생활을 묘사한 김홍도의 풍속화는 후대에도 커다란 영향을 끼쳤어요.

 김홍도와 함께 조선 후기를 대표하는 작가인 신윤복은 주로 양반들의 모습을 그렸는데, 대표적인 작품은 〈미인도〉예요.

퀴즈 31: 조선 시대에도 안경을 낀 왕이 있었다?

"안경을 써도 못 읽겠어."

"먼저 글씨 공부를 해야지!"

"풋, 안경만 쓴다고 글씨를 읽을 줄 알았나?"

 **맞을까?**
왕도 눈이 나쁘면 안경을 써야지.

 **틀릴까?**
안경원도 없었을 텐데, 어떻게 안경을 구할 수 있겠어?

퀴즈 31 의 답

맞았어요. 《조선왕조실록》에, 정조가 눈이 나빠져 안경을 쓰고 책을 보았다는 기록이 있어요. 그리고 안경은 정조 시절보다 200년 전에 들어온 물건이라는 기록도 있어요. 현재 남아 있는 가장 오래된 안경은, 선조 때 외교 사절로 중국과 일본을 다녀온 학봉 김성일의 것이라고 합니다.

조선 시대에는 윗사람 앞에서 안경을 쓰는 건 예의 없는 행동이었어요. 안경 때문에 꾸지람을 들은 이조 판서 조병구가 목숨을 끊는 일도 있었어요.

퀴즈 32의 답

틀렸어요. 정약용이 아니라 김정호가 만든 지도예요. 우리나라를 남북 22층으로 나눈 뒤, 각 층의 지도를 하나의 책으로 묶어, 휴대가 간편하도록 했어요. 또한 대동여지도는 목판에 새긴 지도이기 때문에, 필요할 때마다 여러 부를 찍어 낼 수 있었어요. 요즘 측량 기술로 만든 지도와 비교해도 뒤지지 않을 만큼, 우리 민족의 뛰어난 기술이 담겨 있는 최고의 지도입니다.

 대동여지도를 모두 펼치면 세로 6.7m, 가로 3.8m에 이르는데, 이는 아파트 2~3층 높이에 해당하는 어마어마한 크기예요.

조선 시대에도 위조 화폐가 있었다?

놋그릇을 녹여서 엽전을 만들면 금방 부자 되겠다!

조선 시대 기술로 똑같이 만들기는 힘들었을 거야.

퀴즈 33 의 답

맞았어요. 1600년대, 상평통보의 보급으로 화폐 사용이 늘어나자 위조 화폐를 만드는 사람들이 생겨났어요. 이들을 '도주자'라 불렀는데, 단속이 심해지자 깊은 산속이나 동굴, 심지어 바다 위에 배를 띄워 놓고 만들기도 했어요. 1724년, 인천 앞바다에 있는 선갑도라는 섬의 위조 화폐 제작 현장을 급습한 기록이 《승정원일기》에 남아 있습니다.

위조 화폐가 늘어나자, 나중에는 상평통보 아래쪽에 천자문, 숫자, 부호 등을 표기하기도 하였습니다. 일종의 위조 방지 장치였어요.

퀴즈 34. 녹두 장군 전봉준은 키가 작아 녹두라고 불리었다?

> 나는 녹두 장군!
> 나는 동그라미 장군!
> 나는 세모 장군!
> 엥? 내 방패는 전혀 방어가 안 돼!

와아

맞을까?

작은 고추가 맵다는 말도 있어.
녹두 장군은 그런 분이셨을 거야.

틀릴까?

녹두 장사를 하던 분이라서
녹두 장군 아닐까?

퀴즈 34의 답

맞았어요. 동학 농민 운동을 이끈 전봉준은 어릴 적 키와 몸집이 작고 얼굴이 둥글어 '녹두'라는 별명으로 불리었어요. 고부 군수 조병갑이 백성들을 괴롭히자, 1894년에 농민들과 함께 봉기를 일으켰어요. 청일 전쟁이 일어나자 12만 농민군을 이끌고 다시 싸우다가 일본군과 정부군에 붙잡혀 결국 목숨을 잃었어요.

더 깊이! 사발통문은 사발을 엎어 놓고 둥글게 뼹 돌려 이름을 적었는데, 누가 우두머리인지 모르도록 전봉준을 비롯한 농민 대표들이 사용한 방식이에요.

덕률풍은 선풍기를 부르던 말이었다?

퀴즈 35 의 답

틀렸어요. '덕률풍'은 선풍기가 아니라 전화기예요. '텔레폰(Telephone)'을 한자식으로 적은 말이랍니다. 다리풍, 어화통 등으로 불리기도 했어요. 1876년 강화도 조약 이후부터, 우리나라가 서양 문물의 영향을 받아들이던 시기를 '개화기'라고 하는데, 덕률풍도 이때 들어온 것이에요.

 개화기에 들어온 '양탕국'은 '양고기를 끓인 국'이 아니라 '커피'를 부르는 말이었어요. '서양 사람들이 마시는 탕처럼 생긴 국'이라는 뜻이에요.

퀴즈 36 의 답

틀렸어요. 잠수교가 아니라 1900년에 건설된 한강 철교입니다. 기차만 지나다닐 수 있었어요. 그리고 1917년에 차와 사람이 다닐 수 있는 한강 대교(당시는 한강 인도교)를 건설했어요. 하지만 6·25 전쟁이 일어나자, 정부는 북한군을 막기 위해 한강 철교와 한강 대교를 폭파했어요. 결국 피난 가던 많은 사람이 죽거나 다치는 비극적인 일이 있었어요.

잠수교는 서빙고동과 반포동을 잇는 다리로 1976년에 건설되었어요. 보통 때에는 물 위에 드러나 있다가 비가 많이 오면 물에 잠기는 다리입니다.

빼앗긴 나라를 되찾은 용기

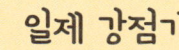

 대한 독립을 외친 영웅의 총성

퀴즈 37: 안중근 의사가 총으로 쏜 사람은 도요토미 히데요시였다?

"총에 맞은 사람이 우리 민족의 원흉이지?"

"그렇다니까."

맞을까?

도요토미 히데요시? 우리나라에 큰 피해를 주었던 사람이야.

틀릴까?

도요토미 히데요시는 이순신 장군 위인전에서 본 인물 같은데….

퀴즈 37의 답

틀렸어요. 안중근 의사가 하얼빈역에서 총으로 쏜 사람은 '이토 히로부미'입니다. 이토 히로부미는 1905년에 우리나라와 을사조약을 강제로 맺게 했고, 초대 조선 통감이 되어 나라의 힘을 빼앗을 준비를 하던 사람이었어요. 그러던 중 1909년, 하얼빈에서 안중근 의사에게 총을 맞고 죽었어요. '도요토미 히데요시'는 우리나라를 공격하여 임진왜란을 일으킨 사람입니다.

안중근 의사는 총 세 발을 쏜 뒤, 총에 맞은 사람이 이토 히로부미가 아닐 수도 있다는 생각에, 주변 인물을 향해 세 발을 더 쏘았어요.

퀴즈 38

을사오적은 나라를 팔아먹은 다섯 명의 도둑이라는 뜻이다?

산적 도둑 잡아라!

도깨비 오적이 아니라 을사오적을 잡아야 한다고!

으아아

붕붕

다 다다

도도도

맞을까?
나라를 일본에 팔아먹은 다섯 명이 있었대. 

틀릴까?
소고기 산적, 떡산적… 이런 음식 이름 아닐까?

퀴즈 38의 답

맞았어요. 을사오적은 을사조약에 가담한 다섯 명의 매국노, 학부대신 이완용, 외부대신 박제순, 내부대신 이지용, 군부대신 이근택, 농상공부대신 권중현을 가리키는 말입니다. 을사조약은 일본이 한국의 외교권을 빼앗기 위하여 1905년(을사년)에 강제적으로 맺은 조약으로, 고종 황제가 끝까지 승인하지 않았기 때문에 무효의 조약입니다.

더 깊이! 을사조약을 맺은 직후 일본은 조선의 외교를 간섭하기 위해 통감부를 설치하고, 초대 통감으로 이토 히로부미를 파견했어요.

퀴즈 39. 유관순은 감옥에서도 만세 운동을 벌였다?

대한 독립 만세
와아-
유관순 누나는 일본 경찰 앞에서도 엄청 당당했대.

비좁은 감방 안에서 어떻게 만세 운동을 할 수 있겠어?
철컹

퀴즈 39 의 답

맞았어요. 3·1 운동이 일어나고 일 년 뒤인 1920년 3월 1일 오후 2시, 서대문 형무소에 갇혀 있던 유관순은 3·1운동 1주년 기념식을 갖고, 감옥에 갇혀 있던 동포 3천여 명과 함께 옥중 만세 운동을 펼쳤어요. '대한 독립 만세' 함성이 형무소 밖까지 울려 퍼지면서, 많은 시민이 몰려들었고, 한때 전차 운행이 마비되었다고 합니다.

만세 운동을 주도한 유관순은 모진 고문을 당하다 감옥에서 풀려나기 이틀 전인 1920년 9월 28일, 세상을 떠나고 말았어요.

퀴즈 40 — 대한민국 임시 정부는 1919년 베이징에 세워졌다?

얘들아, 우리 대한민국 도깨비 맞지?

펄럭

당연하지. 우리가 어디에 있든 변하지 않아.

웅클

맞을까?
일본에 나라를 빼앗겨서 다른 나라에 정부를 세웠어.

틀릴까?
베이징은 중국의 수도인데, 거기에 정부를 세웠을 리 없어.

퀴즈 40 의 답

틀렸어요. 베이징이 아니라 상하이입니다. 일본에 나라를 빼앗긴 우리나라는, 1919년 4월 11일, 중국 상하이에 대한민국 임시 정부를 세웠어요. 초대 대통령은 이승만이었다가 이후 김구, 이동녕, 박은식 등이 임시 정부를 이끌었어요. 1945년, 광복을 맞을 때까지 임시 정부는 일본과 맞서 싸우는 민족 운동의 중심 기관이었습니다.

더 깊이! 1932년, 임시 정부는 일본의 감시를 피해 항저우로 거처를 옮겼어요. 이후에도 십여 차례 4천km에 이르는 거리를 옮겨 다녀야 했어요.

퀴즈 41의 답

틀렸어요. 일본은 조선의 식민지화를 위해 철도를 건설한 것이지, 식민 지배에 대한 보답이나 선물이 전혀 아닙니다. 식민 지배 덕분에 경제가 발전하고 새로운 문물이 들어왔다고 하는 주장을 '식민지 근대화론'이라고 하는데, 이것은 마치 도둑이 도둑질하러 들어왔다가 사다리를 두고 갔으니 잘한 일이라고 칭찬하는 것과 같아요.

일본이 우리나라에 철도를 건설한 이유는, 우리나라에서 빼앗은 쌀과 자원을 좀 더 편리하게 일본으로 실어 나르기 위해서였습니다.

퀴즈 42: 일제 강점기에는 이름을 일본식으로 바꾸어야 했다?

새로 바꾼 너희들 이름이다.

내 이름이 렌?

엣?

렌 니키 켄타

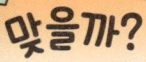 맞을까?

이름을 일본식으로 바꾸면 일본 사람이 되는 기분이었을 거야.

틀릴까?

태어날 때부터 정한 이름을 어떻게 바꿀 수 있겠어?

퀴즈 42 의 답

맞았어요. 일제 강점기 때 일본은 조선인의 정신을 말살하고 조선을 착취하기 위하여 이름을 일본식으로 바꿀 것을 강요했어요. 이를 '창씨개명'이라고 하는데, 1940년 2월 11일부터 조선 총독부를 통해 시행됐어요. 이는 한국의 성명 체계를 일본식으로 바꾸려는 시도였어요.

더 깊이! 강요에 의해 성과 이름을 바꾼 사람들도 있었지만, 창씨개명에 대해 반감을 갖고 있던 한국인들의 실생활에 큰 영향을 주지는 못했어요.

퀴즈 43. 윤봉길 의사가 던진 폭탄은 물통 폭탄이었다?

퀴즈 43 의 답

맞았어요. 도시락 폭탄으로 오해하기도 하는데, 물통 폭탄이에요. 윤봉길 의사는 도시락과 물통으로 위장한 특수 폭탄을 준비해서 일본의 행사가 열린 상하이 훙커우 공원에 도착했어요. 그리고 일본 사람들이 국가를 부르고 있을 때, 단상에 물통 폭탄을 던졌어요. 물통 폭탄을 던진 뒤 도시락 폭탄을 던지려고 했지만, 군인들에게 붙잡히는 바람에 사용할 수 없었어요.

 일본이 패망하고 항복 문서에 서명하기 위해 다리를 절며 나타난 시게미쓰 마모루 외상은, 윤봉길 의사의 의거로 다리를 잃은 인물이에요.

퀴즈 44: 신탁 통치가 결정되자, 우리 국민들은 환영했다?

이 집 주인은 나야!

내가 주인이래도!

아니야, 내 집이야.

하하하

싸우지들 말고 우리한테 잠시 맡겨.

맞을까?
힘센 나라가 대신 나라를 다스리는 걸 신탁 통치라고 해. 힘센 나라가 도와주면 좋지.

틀릴까?
세상에 공짜는 없는 법이라고! 분명 대가를 치러야 해.

퀴즈 44의 답

틀렸어요. 신탁 통치는 스스로 나라를 다스릴 힘이 없다고 생각될 때, 강대국이 대신 나라를 통치해 주는 것을 말해요. 제2차 세계 대전이 끝나고 일본이 패망하자, 미국과 소련은 회의를 열고 우리나라에 5년간 남북으로 나누어 신탁 통치를 하기로 결정했어요.

더 깊이!  신탁 통치가 결정되자, 우리 국민들은 신탁 통치 반대 운동을 벌였어요. 일제 식민 통치에서 벗어났는데 또다시 다른 나라의 간섭을 받을 수는 없었어요.

함께 만들어 가는 오늘의 대한민국

대한민국

만화 역사를 바꾼 인천 상륙 작전

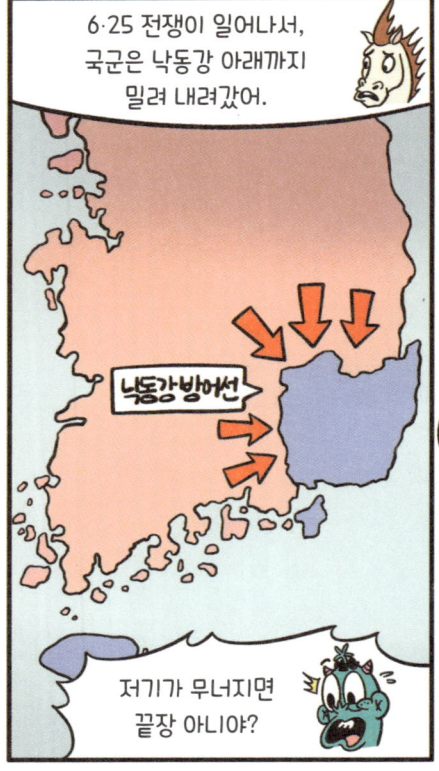

퀴즈 45 의 답

맞았어요. 1945년 제2차 세계 대전이 끝나고 일본이 패망하자, 미국과 소련은 한반도를 반으로 나누었어요. 북쪽은 소련, 남쪽은 미국이 점령하면서 나눈 경계선이 북위 38도선인 '삼팔선'이에요. '휴전선'은 한국 전쟁 이후 휴전 협정이 맺어지던 1953년에 설정되었어요. 현재 남북한 사이에 있는 경계선이 바로 휴전선이에요.

휴전선 양쪽으로 폭 2km씩 총 4km의 비무장 지대(DMZ)를 두었어요. 비무장 지대에는 군대 주둔이나 무기 배치를 할 수 없어요.

퀴즈 46: 우리나라 최초로 해외 진출한 걸 그룹은 '원더걸스'이다?

아이 원트 ♪
노바디 노바디
짝짝
벗 유! ♪
짝짝

맞을까?

맞아, K-POP을 전 세계에 알린 원조 걸 그룹이지.

틀릴까?

아냐, 1960년대에도 미국에서 활동하던 걸 그룹이 있었어.

퀴즈 46 의 답

틀렸어요. 원더걸스가 미국에 진출한 것은 2009년이지만, 그보다 50년 전에 미국에 진출한 걸 그룹이 있어요. 김숙자, 김애자, 이민자의 삼인조 걸 그룹, '김시스터즈'입니다. 이들은 1959년에 미국에 진출하여 1960년대부터 활발한 활동을 펼쳤어요. 김시스터즈는 우리나라 최초이자, 아시아 최초로 미국에 진출한 걸 그룹이기도 해요.

더 깊이! 우리나라 대중문화는 6·25 전쟁을 겪으면서 성장했어요. 전쟁 중 미군이 주둔하면서 미국의 문화가 흘러들어 와 미국식 춤과 노래가 유행했거든요.

퀴즈 47 — 소 1001마리를 끌고 **북한**으로 간 사람이 있다?

"소가 왜 저렇게 많아?"

"음매~"

"음매"

"부웅"

"판문점을 넘어 북한으로 갈 거래."

맞을까?

남북 평화의 상징이 된 그 유명한 '소 떼 방북'이야.

틀릴까?

판문점은 사람도 함부로 넘어갈 수 없는데, 소가?

퀴즈 47의 답

맞았어요. 1998년 6월과 10월, 두 번에 걸쳐 소 1,001마리와 함께 판문점을 넘어 북한으로 간 사람이 있어요. 당시 현대 그룹 정주영 회장이에요. 북한 동포들에게 소를 전달하면서 남북 왕래의 물꼬를 트기 위해서였지요. 1,001마리였던 이유는, 또 하나의 시작을 의미하는 한 마리를 더 넣어 계속 남한과 북한의 교류가 이어지게 하자는 바람을 담은 것이었어요.

 휴전 후 민간인이 군사 지역인 판문점을 통해 북한을 방문한 것은 정주영 회장이 최초였어요.

퀴즈 48 · 2002년 월드컵에서 우리나라는 8강까지 올랐다?

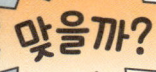

맞을까?
8강까지 올라간 건 역대급 성적이었다고. 

틀릴까? 
무슨 소리! 4강까지 올라갔어.

퀴즈 48 의 답

틀렸어요. 히딩크 감독이 이끄는 대한민국은 8강에서 스페인을 승부차기 끝에 이기며 4강에 올랐습니다. 결승행 티켓을 놓고 4강에서 축구 강국 독일과 맞붙었지만, 아쉽게 패하였어요. 승패를 떠나, 월드컵의 진정한 승자는 대한민국 국민들이었어요. 길거리 응원이라는 새로운 문화를 만들어 낸 붉은 악마들의 열광적인 응원은 전 세계를 떠들썩하게 했어요.

더 깊이! 2002년 월드컵이 끝나고 우리나라 선수들은 대거 해외로 진출했어요. 네덜란드와 영국에서 선수 생활을 한 박지성 선수가 대표적이에요.

퀴즈 49: 외규장각 의궤는 현재 우리나라에 있다?

퀴즈 49 의 답

맞았어요. 외규장각 의궤는 프랑스에 있다가 2011년에 우리나라로 반환되어, 현재는 국립 중앙 박물관에 보관되어 있습니다. 1866년 병인양요 때, 프랑스 군대가 강화도 외규장각에 보관되어 있던 의궤를 약탈해 갔어요. 그동안 프랑스 국립 도서관에 보관되어 있다가, 145년 만에 다시 우리나라의 품으로 돌아오게 되었답니다.

 **더 깊이!** 약탈 등을 통해 해외로 빠져나가 돌아오지 못하고 있는 우리 국가유산은 24만 점이 넘어요. 그중 44% 정도가 일본에 있어요.

퀴즈 50: 우리나라 최초의 노벨상 수상자는 한강 작가이다?

나도 소설가가 돼서, 노벨 문학상을 받을 거야.

와아아 짝짝짝

한강, 노벨상 수상

X야, 그러려면 글씨부터 배워야 해.

맞을까?
뉴스에서 최초의 노벨 문학상 수상이라고 하는 걸 봤어.

틀릴까?
노벨상은 종류가 많아. 분명 다른 상을 받은 사람이 있을 거야.

퀴즈 50 의 답

틀렸어요. 한강 작가가 받은 노벨상은 우리나라 최초가 아니라 두 번째였습니다. 2000년, 돌아가신 김대중 대통령이 노벨 평화상을 받은 적이 있답니다. 《소년이 온다》, 《채식주의자》 등을 발표한 한강 작가는 2024년 노벨 문학상을 받았는데, 우리나라의 두 번째 노벨상이자, 최초의 노벨 문학상이었습니다.

더 깊이! 노벨상은 스웨덴의 발명가 노벨의 유언에 따라 인류 복지에 공헌한 사람에게 주는 상으로, 수상식은 노벨이 세상을 떠난 12월 10일에 열려요.

OX 퀴즈

초판 1쇄 발행 2025년 11월 17일
글 보리쌀 | 그림 황재윤

펴낸이 도승철 | 펴낸곳 밝은미래 | 등록 2005년 5월 2일 (제105-14-87935호)
주소 경기도 파주시 회동길 349 3층
전화 031-955-9550 | 팩스 031-955-9555
홈페이지 http://www.bmirae.com | 인스타그램 @balgeunmirae1
편집 송재우 박수현 | 마케팅 김경훈 | 경영지원 강정희
표지 및 본문 편집 진행 김영주 | 표지 및 본문 디자인 진행 정진

ISBN 978-89-6546-766-3 73030

ⓒ 보리쌀, 황재윤, 밝은미래, 2025

* 책값은 뒤표지에 있습니다.
* 이 책 내용의 일부 또는 전부를 재사용하려면 반드시 저작권자와 출판사의 동의를 얻어야 합니다. 책에 대한 단순 서평 수준을 넘어서는 내용을 SNS나 사진, 영상 등으로 출판사의 동의 없이 배포하는 것은 저작권법에 저촉될 수 있습니다.

※ 공통안전기준 표시사항
① 품명 : 도서 ② 제조자명 : 밝은미래 ③ 주소 : 경기도 파주시 회동길 349
④ 연락처 : 031-955-9550 ⑤ 최초 제조년월 : 2025년 11월 ⑥ 제조국 : 대한민국 ⑦ 사용연령 : 8세 이상